Dengeln

„Wer beim Dengeln schläft,
wird beim Mähen wach "

Volksmund

Bernhard Lehnert

Dengeln

Die Kunst, Sense und Sichel zu schärfen

Bibliografische Information der Deutschen Bibliothek:
Die Deutsche Bibliothek verzeichnet diese Publikation in der Deutschen
Nationalbibliografie; detaillierte Daten sind im Internet über
<http://dnb.ddb.de> abrufbar.

© 2005 Bernhard Lehnert
Herstellung und Verlag: Books on Demand GmbH, Norderstedt
ISBN 3-8334-2586-5

Inhaltsverzeichnis

Vorwort

Noch vor wenigen Jahrzehnten gehörte das rhythmische „teng, teng, teng", wenn zwischen Dengelamboss und Dengelhammer Sense oder Sichel geschärft wurde, zum alltäglichen Klangbild des ländlichen Raums. Ein Geräusch, das in den landwirtschaftlich geprägten Zeiten zur unverwechselbaren Melodie der Dörfer landauf, landab gehörte, wie das Krähen der Hähne. Mit der zunehmenden Mechanisierung der Landwirtschaft Ende der 50er Jahre und der Aufgabe der bis dahin weitverbreiteten Klein- und Nutztierhaltung gerieten die einst verwendeten Werkzeuge und Geräte, ihr Zweck und ihre Handhabung in Vergessenheit und dienten bestenfalls noch als nostalgische Dekorationsstücke.

Viele der ehemals allgemein bekannten Handwerkstechniken wurden aufgegeben, so dass heute nur noch wenig Erinnerung an das Vergangene, wie beispielsweise der Gebrauch und die Handhabung des Dengelhammers lebendig sind. Früher wurde das Dengeln während der alltäglich anfallenden Arbeiten vom Vater zum Sohn und Enkel weitergegeben. Das Dengeln konnte man eben, da fiel es niemandem ein, irgend etwas davon aufzuschreiben.

So wundert es nicht, dass das Schärfen von Sense und Sichel heutzutage eine Kunst zu sein scheint. Viele Sensenbesitzer sind mit einer Fülle von Fragen zum richtigen Gebrauch von Dengelwerkzeug und Wetzstein, sowie deren Handhabung meist auf sich allein gestellt.

Das vorliegende Buch will dem Anfänger wie dem Praktiker anhand verständlicher und praxiserprobter Anleitungen, Hilfen für den richtigen

Gebrauch dieser Schärfewerkzeuge geben, um so typische Fehler in deren Handhabung zu vermeiden. Wer beispielsweise weiß, wie die Sense beim Dengeln über den Amboss geführt, auf welche Weise mit dem Dengelhammer geklopft wird oder wie mit dem Wetzstein beim Schärfen richtig an der Schneide entlang gestrichen wird, der wird das Mähen mit der Sense neu entdecken. Denn mit einer richtig gedengelten und gut geschärften Sense wird das Mähen zur entspannten Körperbetätigung an der frischen Luft mit vielfältigem Naturgenuss.

Abb. 1: Dengler bei der Arbeit, Aufnahme von 1905

I. Dengeln – was ist das?

Dengeln ist ein Schärfeverfahren, das es so nur bei Sensen und Sicheln gibt. Das Dengeln von Sense und Sichel ist eine unverzichtbare Arbeit, um deren Schärfe auf Dauer zu erhalten. Dabei wird das Metall entlang der Schneide durch Hämmern zu einer dünnen, scharfen Schneide ausgetrieben.

Warum wird gedengelt?

Der Zweck des Dengelns besteht darin, die dünne, scharfe Schneide von Sense und Sichel auf Dauer zu erhalten, zu verbessern oder neu herzustellen. Gedengelt wird auch, um das Materialgefüge des Stahls zu verdichten und so eine längere Standzeit der Schärfe zu erzielen.

Beim Dengeln kommt es darauf an, dass die Schneide auf der ganzen Länge einen gleichmäßigen Dangl bekommt. Die Qualität des Dangls ist wesentlich für Kraftaufwand und Leistung beim Mähen.

Richtiges Dengeln und Wetzen sind neben dem Anstellen die wichtigsten Voraussetzungen für das leichte Mähen mit der Sense. Das Mähen mit einer scharfen Sense wird selbst für einen ungeübten Mäher zum Vergnügen. Mit schlecht geschärfter Sense wird das Mähen auch für den geübten Mäher zur schweißtreibenden Quälerei. Nicht von ungefähr kommt der alte Mäherspruch:

„ Gut gedengelt ist halb gemäht. “

Der Einfachheit wegen werde ich im folgenden statt „Sense und Sichel" nur „Sense" schreiben. Das heißt, dass das was zum Dengeln der Sense ausgeführt wird, auch so für das Dengeln der Sichel zutrifft.

Was geschieht beim Dengeln?

Das Dengeln lehnt sich der Technik nach an das Schmieden an und bedient sich auch der Schmiedewerkzeuge, nämlich Hammer und Amboss.

Beim Dengeln wird das zu dick gewordene Metall der Sense entlang der Schneide auf einem speziellen Dengelamboss mit einem Dengelhammer durch Hämmern zu einer dünnen, scharfen Schneide ausgetrieben. Das kalte Hämmern des gehärteten Stahls zieht das Metall mit jedem Schlag ein klein wenig aus und verjüngt es zur Schneide hin. Gleichzeitig bewirkt das kalte Hämmern, dass die Molekülstruktur des Stahls verdichtet wird oder anders gesagt, die Schneide wird beim Dengeln regelrecht gehärtet.

Was so entsteht, nennt man Dangl. Ein guter Dangl muss die nötige Dünne und Schärfe aufweisen. Er muss widerstandsfähig gegen zu schnelle Abnutzung sein und muss die Voraussetzungen für leichtes Schärfen mit dem Wetzstein bilden.

Geschichte des Dengelns und Geradrichtens

Es darf angenommen werden, dass Sense und Sichel mit Hammer und Amboss geschärft werden, seit beide Werkzeuge im Gebrauch sind. Die älteste mir bekannte Darstellung des Dengelns, befindet sich auf einem Fresko im Adlerturm zu Trient aus der Zeit um 1407.

Sensen kamen früher ungedengelt, das heißt nicht mähfertig, in den Handel, obwohl es in jeder Sensenfabrik möglich gewesen wäre, Sensen auf den dort vorhandenen Maschinen zu dengeln. Mähfertig geschärfte Sensen wurden nur auf Bestellung und gegen Aufpreis gefertigt. Zu dieser Zeit war die Sense das einzige Mähwerkzeug zur Ernte, und so

Abb. 2: Dengelszene aus dem Mittelalter

war das Dengeln der Sense mit Hammer und Amboss eine unverzichtbare Arbeit, um die Schärfe der Sense zu erhalten. Dieser Umstand verlangte, dass jeder Bauer an seiner Sense zuerst eine dünne, messerartige Schneide herstellen musste. Nicht nur eine neue Sense wurde gedengelt, sondern auch jede andere im Gebrauch befindliche Sense musste regelmäßig gedengelt werden, um die beim Mähen entstandenen Abnutzung der Schneide auszugleichen. Dieser Arbeitsvorgang wurde landläufig als „Dengeln" oder „Klopfen" bezeichnet. Gedengelt wurde auf sogenannten Dengelstöcken, auf denen der

Dengler saß und seinen Dengelamboss darin verankerte. Solche Dengelstöcke aus massiven Steinblöcken, mächtigen Stammabschnitten und Baumscheiben fanden sich nicht nur bei fast jedem Haus und Hof, sondern standen vielerorts sogar auf großen Allmenden, wo so manches steinerne Relikt dieser bäuerlich geprägten Handwerkstechnik, als vergessenes Kulturgut, bis in unsere Zeit unentdeckt überdauert hat.

Während sich auf den hölzernen Dengelstöcken der spitze Dorn am Fuß des Dengelambosses beim Klopfen im Holz festsetzte, musste auf dem steinernen Dengelstock zuerst ein keilförmiges Loch in den Stein gemeißelt werden. Darin wurde der Amboss mit Holz fest verkeilt, so dass der Dengelschlag zog.

Eine Sense war zu jenen Zeiten vergleichsweise teuer und für deren Eigentümer ein unverzichtbares Erntewerkzeug. Mit einer scharfen und schnitthaltigen Sense konnte beispielsweise ein guter Mäher reichere Ernte einbringen und so vielleicht eine Kuh mehr über den Winter bringen oder als mähender Wanderarbeiter eine höhere Entlohnung erzielen. Die Qualität der Sense und insbesondere deren Schneide hatten wesentlichen Einfluss auf das Wohl und Wehe ganzer Familien. So ist zu verstehen, dass selbst größere Beschädigungen des Sensenblattes mit Dengelhammer und Amboss behoben wurden. Man nannte diesen Arbeitsvorgang „Geradrichten". Nicht selten traf das Sensenblatt auf einen im Gras verborgenen Stein oder einen Baumstumpf, so dass ein Teil der Schneide sich verbog oder Risse bekam. Dann war das Geradrichten mit Hammer und Amboss die einzige Möglichkeit, um solche Schäden am Sensenblatt zu beheben.

Zwar spielt das Geradrichten, also die Reparatur größerer Schäden am Sensenblatt heute kaum noch eine Rolle, aber für das Schärfen selbst, gibt es bis heute noch keine bessere Lösung, die das Dengeln ersetzen könnte.

II. Das Sensenblatt

Sensenblätter sind im Handel in den unterschiedlichsten Ausführungen erhältlich. Es sind eine Vielzahl von langen und kurzen, schmalen und breiten, leichten und schweren Sensenblätter für die verschiedensten Mäharbeiten im Gebrauch. Bei genauerem Hinschauen stellt man fest, dass sich Sensen auch in der Krümmung von Rücken und Schneide, in der Form des Bartes, sowie der Winkelstellung der Hamme unterscheiden. Bei einzelnen Sensentypen ist die Spitze dornartig geformt. Man nennt diese Sonderausführung „Steinspitze" oder „Schnabel".

Dem Laien mag die Verwendung so vieler unterschiedlicher Typen eines überall zu der gleichen Verrichtung verwendeten Gerätes unverständlich erscheinen. Formbestimmend sind Klima, Geländeform, Art der zu mähenden Pflanzen und landwirtschaftliche Traditionen.

Wesentlichen Einfluss auf die Länge des Sensenblattes hat maßgeblich die Geländeform. Auf weiten, ebenen Flächen gebraucht man in der Regel Sensen von 80 cm Länge und mehr. Um dagegen in steinigen Gebirgslagen, auf von Unebenheiten durchsetzten Wiesen oder zwischen den Stämmen von Streuobstbeständen zu mähen, braucht man Sensen von 50 bis 70 cm Länge. Neben dem Einfluss der Geländeform verlangt insbesondere die Art des zu mähenden Bewuchses geeignetes Gerät. Nicht jeder Bewuchs lässt sich gleich gut mit der selben Sense mähen, sondern bedingt verschiedene Ausführungen, wenn beim Mähen mit geringster körperlicher Beanspruchung auf Dauer eine gute Mähleistung erzielt werden und die Sense keinen Schaden nehmen soll. Das saftige Grün feuchter Fettwiesen mäht sich anders als Bergwiesen mit kurzwüchsigen Gebirgskräutern, Klee anders als hoher, dickstängliger

Staudenaufwuchs, während Schilf, Strauch- und Baumschösslinge mit robusteren Sensen mehr abgeschlagen, denn gemäht werden.

Noch vor wenigen Jahrzehnten waren wesentlich mehr Sensentypen im Gebrauch als heute. So waren beispielsweise im Muster- und Formenbuch des Sensenwerkes Kuhlmann, 1937, 160 verschiedene Sensenformen verzeichnet, die auf Bestellung hergestellt wurden.

Trotz dieser Unterschiede in Länge und Breite besitzen alle Sensen die gleichen funktionalen Merkmale. Charakteristisch für jedes Sensenblatt ist ein leicht gewölbtes, dünnes Blatt, das sich zur Schneide hin keilförmig verjüngt, während der aufgekrempelte Rücken der Festigung und Versteifung dient. Mit dem verstärkten Rücken läuft das Blatt in die Hamme aus, die zur Befestigung am Sensenstiel dient. Das rechte Ende des Blattes bezeichnet man als Bart, das linke als Spitze.

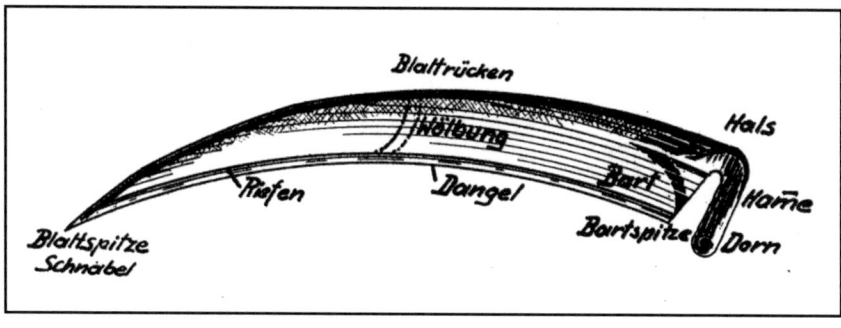

Abb. 3: Sensenblatt mit Begriffsbezeichnungen

An jedem Sensenblatt befinden sich:

- Schneide
- Bart
- Rücken
- Spitze

- Hals oder Ferse
- Hamme (Hame)
- Dorn oder Warze

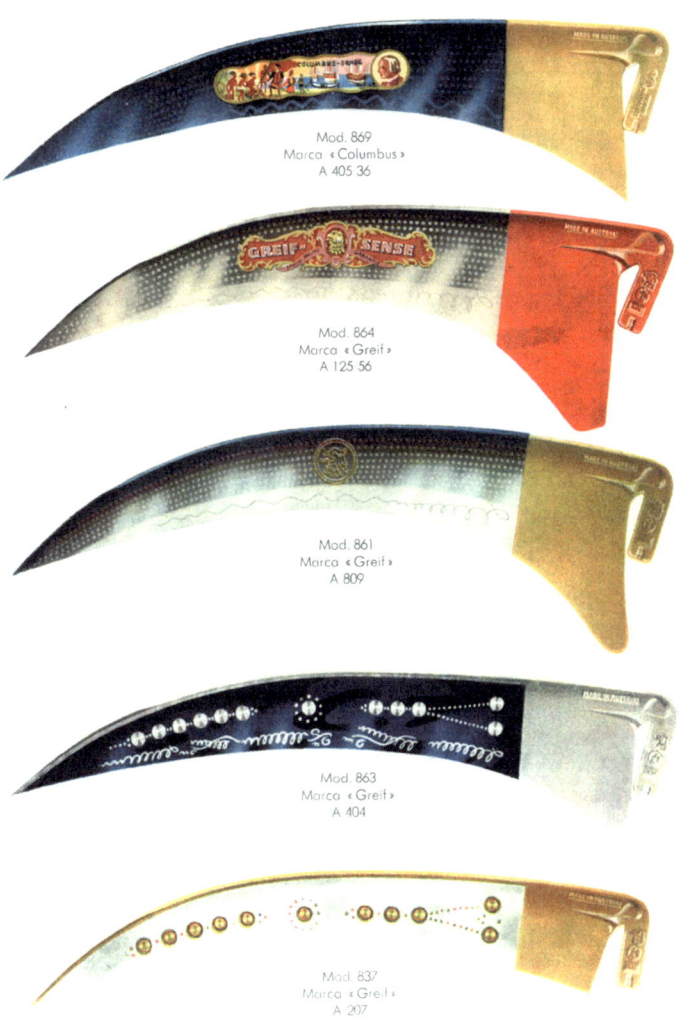

Mod. 869
Marca «Columbus»
A 405 36

Mod. 864
Marca «Greif»
A 125 56

Mod. 861
Marca «Greif»
A 809

Mod. 863
Marca «Greif»
A 404

Mod. 837
Marca «Greif»
A 207

Abb. 4: Verschiedene Sensenblätter, der ehemaligen österreichischen
Sensenschmiede Christobal Piesslinger in Molln

17

Die Schneide

Beim Dengeln gilt unser besonderes Augenmerk der Schneide. Die Schneide besteht aus dem sogenannten „Riefen" und dem „Dangl". Mit „Riefen" ist die etwa 3 bis 4 mm breite Schneide gemeint. Der „Dangl" ist der äußerste Teil des Riefens, der beim Bestreichen mit dem Fingernagel nachgibt.

Der Dangl ist von ganz besonderer Bedeutung für die Schnittfähigkeit der Sense. Bei einer neuen Sense sollte ein vom Bartende bis zur Sensenspitze gleichmäßig keilförmiger Dangl vorhanden sein. Vor dem ersten Mähen mit einer neuen Sense erhält der Dangl durch das Schärfen mit dem Wetzstein seine eigentliche Schärfe. Je nach Beanspruchung und Pflege der Sense nutzt sich der Dangl mit der Zeit ab, so dass die Schneide gedengelt werden muss.

Woran erkennt man ein gutes Sensenblatt?

Der Kauf eines guten Sensenblattes ist für Laien oft Glückssache, da man einem Sensenblatt nicht ansieht, ob es die Schärfe beim Mähen hält oder ob es sich leicht dengeln lässt. Ein Problem, mit dem es nicht erst die Mäher heutzutage zu tun haben.

So hat man früher beispielsweise vielerorts versucht, die Qualität der Sense nach dem Klang zu beurteilen. Dazu hatte man das Sensenblatt mit den Fingerknöcheln oder dem Sensenschlüssel angeschlagen. Je höher der Ton, desto besser die Sense – glaubte man. Dass die Klangprobe nicht allgemein anerkannt wurde, belegt ein aus Holstein überlieferter Spruch:

„ Wer de Sens köfft nah den Klang,
un de Frau nah des Gesang,
ist bedrag'n sein Leben lang!"

Zu Zeiten der Klangprobe gab es nur geschmiedete Sensenblätter im Handel. Heute gibt es neben den geschmiedeten Sensen noch gestanzte und gewalzte Sensen. Gestanzte und gewalzte Sensen werden auch als halbgeschmiedete Sensen bezeichnet. Geschmiedete Sensen sind in der Regel qualitativ die besseren Sensen. Sie sind dünner und leichter, besser verarbeitet und haben eine scharfe Schneide. Qualität hat natürlich auch seinen Preis. Geschmiedete Sensen sind um einiges teurer als die halbgeschmiedeten Sensen.

Wie bei allen schneidenden Werkzeugen, ist es auch bei Sensen wesentlich, dass diese aus einem vorzüglichen Stahl geschmiedet werden. Leider ist dies aber nicht immer der Fall. Viele der sogenannten halbgeschmiedeten Sensen werden aus einfachem und preiswertem Stahl hergestellt. Die Stahlqualität hängt wesentlich vom Kohlenstoffgehalt ab. Höherer Kohlenstoffgehalt bedeutet größere Härte, aber auch Sprödigkeit des Materials. Bei halbgeschmiedete Sensen wird nicht selten Hartstahl mit einem Kohlenstoffgehalt von 1,00 – 1,15 % verarbeitet. Bei den geschmiedeten Sensen beträgt der Kohlenstoffgehalt des Stahls 0,70 – 0,80 %.

Aufdrucke auf den Sensen, wie „Schneidstahl", "Silberstahl", „Chromstahl" oder „Diamantstahl" beinhalten keine besonderen Stahlqualitäten, sondern sollen einzig und allein den Kaufinteressenten beeindrucken.

Aus meiner langjährigen Erfahrung weiß ich, dass viele der halbgeschmiedeten Sensen in der Metallstärke zu dick verarbeitet sind und sich nur schwer oder gar nicht dengeln lassen. Nicht selten ist der verwendete Stahl so spröde, dass die Schneide beim Dengeln reißt.

Eine gute Sense zeichnet sich vor allem durch eine scharfe Schneide, deren Schnittfähigkeit und Schnitthaltigkeit aus. Schnittfähigkeit und Schnitthaltigkeit machen die Güte einer Sense aus. Die Schnittfähigkeit ist abhängig von der Härte des Stahl und der Qualität des Dangls. Mangelhafte Härte führt zu einer raschen Abnutzung der Schneide. Zu große Härte erschwert das Dengeln und das Schärfen mit dem Wetzstein. Schnitthaltigkeit bedeutet, wie lange kann man mähen, bis die Sense geschärft werden muss? Je länger die Sense die Schärfe hält, je mehr Fläche Sie mähen können bis zur nächsten Wetz- oder Dengelpause, desto besser! Auch die Schnitthaltigkeit lässt sich durch sachgemäßes Dengeln verbessern.

Beim Sensenkauf sollten Sie nicht knausern, denn ein gutes Sensenblatt hält bei entsprechender Pflege ein Leben lang. Kaufen Sie sich die beste Sense, die Sie bekommen können. Denn nur qualitativ hochwertige Sensen lassen sich gut dengeln, so dass das Mähen mit der Sense leicht von der Hand geht.

Eine Universal-Sense für alle Mäharbeiten gibt es nicht. So können Sie beispielsweise mit einer Grassense ebenso wenig Baumschösslinge ausmähen wie Sie mit einer Buschsense Wiesengräser schneiden können. Je nach Aufwuchs und was man zu mähen hat, braucht man zur Grundstückspflege eine Gras-, Stauden-, Busch- und Freistellungssense. Daneben gibt es für spezielles Mähgut und besondere Mäharbeiten entsprechende Sensen.

Welche Sensen werden gedengelt?

Doch nicht jede Sense wird zwischen Dengelamboss und Dengelhammer geschärft und nicht jede Sense kann gedengelt werden.

Sensen sind im Handel in vielfältigen Ausführungen für die unterschiedlichsten Mäharbeiten erhältlich. Es sind dies lange und kurze Grassensenblätter in schmaler und breiter Ausführung, mittellange bis kurze Strauch-, Stauden-, Heidekraut- und Grabensensenblätter, sowie die dicken, kurzen und sehr breiten Hopfen- und Waldsensenblätter. Waldsensenblätter werden im Handel als Forstkultur- oder Freistellungssense angeboten.

Gedengelt werden alle Grassensen- und Weinbergsensenblätter, sowie je nach Materialgüte auch die etwas dickeren Strauch-, Stauden-, Heidekraut-, Graben- und Hopfensensenblätter.

Nicht gedengelt werden Forstkultur- und Freistellungssensen. Zum Nachschärfen während der Mäharbeit verwendet man bei diesen einen mittelfeinen bis groben Silicium-Carbid-Wetzstein. Scharten in der Schneide werden mit einer Feile beseitigt. Ist die Sense zu stumpf geworden, schleift man sie auf einem gewöhnlichen Sandschleifstein, genau wie ein Beil oder eine Axt und zieht sie zum Schluss mit dem Wetzstein ab.

III. Selber Dengeln – Dengelübungen!

Auch beim Handwerk des Dengelns fällt selten ein Meister vom Himmel. Wie so oft im Leben gilt auch hier, Übung macht den Meister!

Das Dengeln selbst ist nicht schwer! Etwas handwerkliches Geschick vorausgesetzt, lässt es sich unter Beachtung einiger Grundregeln leicht erlernen. Was man braucht ist Geduld, Gewissenhaftigkeit, eine ruhige Hand und ein gutes Auge. Des weiteren muss man wissen, wie man das Sensenblatt über den Amboss führt und wie man den Dengelschlag ausführt.

Das Dengeln ist eine millimetergenaue Gefühlsarbeit. Der Dengler muss:

- **seinen eigenen Schlagrhythmus mit dem Dengelhammer finden.** Dabei ist zu beachten, dass der Hammer ruhig geführt wird, so dass jeder Schlag punktgenau die gleiche Stelle auf dem Amboss trifft;

- **die Koordination von Schieben & Klopfen ausbilden.** Das heißt, während die rechte Hand den Dengelschlag mit dem Hammer ausführt, muss die linke Hand das Sensenblatt ruhig und ohne zu wackeln über den Amboss schieben, so dass der nächste Hammerschlag bündig nach dem vorhergegangenen Schlag auf die Schneide trifft;

- **ein Gefühl für das Metall der Sense entwickeln.** Denn entsprechend der Härte und Dicke des Metalls variiert die Schlagstärke.

Das heißt, der Dengler muss merken, wie sich das Metall unter dem Dengelhammer verhält. Er muss merken, ob es sich um ein weiches Metall handelt, das sich leicht dehnt, ob es ein hartes Metall ist, das einen kräftigeren Schlag benötigt oder ob er ein sprödes Metall unter dem Hammer hat, das leicht reißt, um nur einige Beispiele zu nennen.

- **Vorsicht – auf was Sie unbedingt achten müssen! Die berühmt berüchtigten wellenförmigen Wölbungen der Schneide entstehen durch unsachgemäßes Dengeln, wenn die Schneide zu stark ausgetrieben oder ungleichmäßig gedengelt wird. Solche Wölbungen an der Schneide machen das gleichmäßige Schärfen mit dem Wetzstein unmöglich, beeinträchtigen die Schnittfähigkeit und verursachen unsauberes Mähen. Solche Wölbungen lassen sich meist nicht mehr reparieren. Sie sollten beim Dengeln immer darauf achten, dass Sie das Metall nicht mehr als 1 bis 1,5mm austreiben. Wird das Austreiben des Metalls an der Schneide übertrieben, entstehen zuerst kleine Haarrisse, danach Dellen und Wellen, die das Sensenblatt unbrauchbar machen. Spätestens wenn kleinste Haarrisse im Dangl zu sehen sind, sollten Sie das Austreiben des Metalls einstellen.**

Das Dengeln ist eine Gefühlsarbeit, dass einiger Übung bedarf. Deshalb sollten all jene, die sich zum erstenmal im Dengeln versuchen oder noch nicht sicher sind im Umgang mit dem Dengelhammer, nicht auf einer guten, geschmiedeten Sense mit den ersten diesbezüglichen „Gehversuchen" beginnen, da die Gefahr zu groß ist, dass die Sense Schaden nimmt und unbrauchbar wird.

Gebrauchen Sie zum Üben auch keine sogenannte Billigsense, da diese oft zu dick ausgeschmiedet oder zu hart und spröde im Metall ist. Wenn Sie auf einer solchen Sense mit den Dengelübungen beginnen, beißen

Sie sich sprichwörtlich die Zähne aus und all Ihre Bemühungen, eine Handwerkstechnik zu erlernen, sind zum Scheitern verurteilt.

Für die ersten Dengelübungen verwenden Sie am besten, ein altes, geschmiedetes Sensenblatt aus Opas Zeiten, das nicht mehr gebraucht wird. Solche Sensen sind meist aus einem weicheren Stahl geschmiedet und eignen sich von daher sehr gut für die ersten Dengelübungen. Solch alte Sensenblätter finden Sie beispielsweise sehr preiswert auf Flohmärkten.

Sie können für die ersten Dengelübungen auch mit dünnem Karton und Kupferblech beginnen. Dazu schneiden Sie sich Streifen von etwa 30 cm Länge und 5 cm Breite. Diese Streifen führen Sie genauso über den Dengelamboss wie ein Sensenblatt. Karton und Kupfer haben den Vorteil, dass nichts kaputt geht und das Sie auf diesen beiden Materialien – anders als bei der Sense – auch sehr gut sehen, wo Sie mit dem Dengelhammer geklopft haben.

Gleichgültig, ob Sie nun auf einem Sensenblatt oder auf Karton oder Kupferblech mit den Dengelversuchen beginnen, sollten Sie auf jeden Fall mit richtigem Dengelwerkzeug arbeiten.

Dengelwerkzeug

Wie bereits angesprochen lehnt sich das Dengeln der Technik nach an das Schmieden an und bedient sich auch der Schmiedewerkzeuge, nämlich Hammer und Amboss.

Zum Dengeln benutzt man seit alters her einen speziellen:

- Dengelhammer mit kurzem Stiel
- Dengelamboss

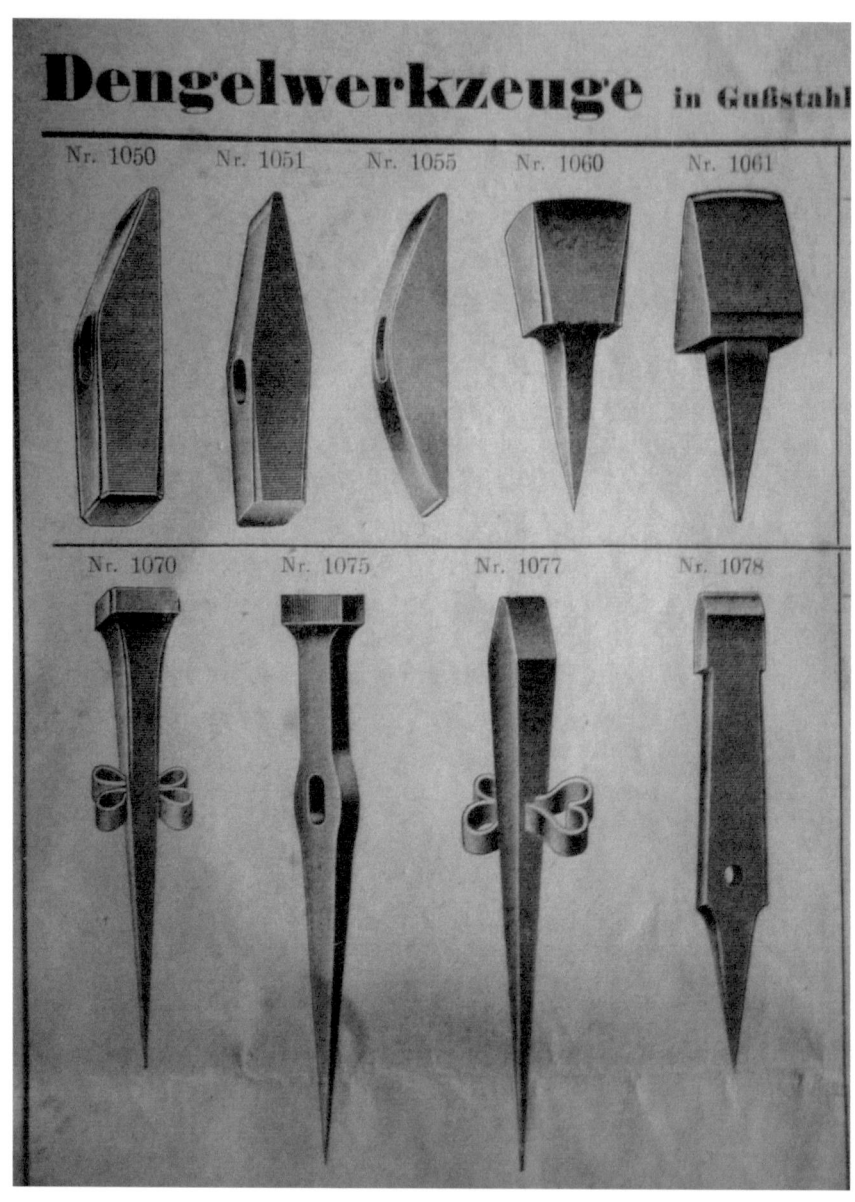

Abb. 5: Dengelwerkzeuge

Hammer und Amboss sind im Handel in verschiedenen Ausführungen erhältlich. Je nach Region werden bestimmte Dengelwerkzeuge bevorzugt benutzt. Während man mancherorts die Sense mit einem Dengelamboss mit schmaler, gerundeter Bahn und einem Dengelhammer mit quadratförmiger Dengelfläche klopft, verwendet man andernorts für die gleiche Arbeit einen quadratförmigen, leicht gewölbten Dengelamboss und einen Dengelhammer mit schmaler, keilförmiger Schlagfläche.

Bei allen Modellen sind sowohl die beiden Schlagflächen des Hammers wie die des Amboss bombiert, das heißt nach allen Seiten hin leicht abgerundet. Das Dengeln mit zwei so beschaffenen Werkzeugen bewirkt, dass bei jedem Schlag nur ein kleiner Punkt der Schneide getroffen wird. Ein eventueller Fehlschlag kann so der Schneide keinen großen Schaden zufügen.

Der Nachteil der schmalen nach allen Seiten abgerundeten Ambossfläche liegt darin, dass das ruhige, mittige Halten der Sense darauf besonders dem Anfänger beim Erlernen dieser Handwerkstechnik etwas mehr Schwierigkeiten bereitet, als auf einem Amboss mit breiter Schlagfläche. Dafür ist das Risiko eines Fehlschlages geringer als beim breiten Amboss.

Dengelambosse unterscheiden sich hinsichtlich der Höhe, Stärke und Form des Ambosskörpers und der jeweiligen Dengelfläche. Alle Ambosse haben unterhalb des Ambosskörpers eine Spitze zum Eintreiben oder Einsetzen in die Unterlage. Lange Dengelambosse sind oft mit Schlaufen versehen. Diese Ambosse sind zum Dengeln auf Wiese und Feld bestimmt, wobei die Schlaufen den Sitz im Boden sichern sollen.

Beim Dengeln unterscheidet man zwei grundlegende Arbeitsweisen:

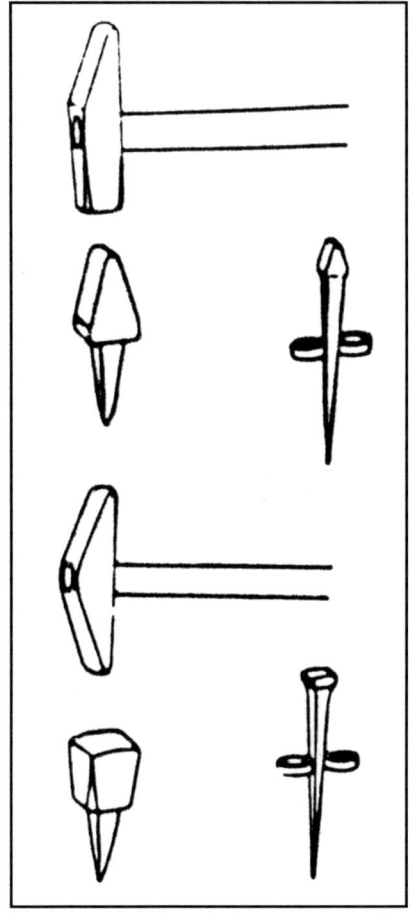

Abb. 6: Arbeitsweisen

- Amboss mit schmaler Bahn: dazu wird immer ein Hammer mit flacher, viereckiger Bahn benutzt, dessen andere Seite ein schmale Bahn aufweist. Gelegentlich wird auch eine Art Fäustel gebraucht, der zwei flache Bahnen hat. Es ist darauf zu achten, dass die schmale Bahn nicht zu flach ist, da sonst pro Schlag eine allzu große Länge der Schneide bearbeitet wird. Das führt zu Blattern und hat den großen Nachteil, dass sich die Kante der Bahn in den Riefen einpresst, d.h. den platten Dangl bildet.

- Amboss mit quadratischer, flach gewölbter Bahn: dazu wird fast immer ein Hammer mit zwei schmalen Bahnen benutzt. Natürlich kann man auch mit der Finne am Hammer mit flacher Bahn arbeiten.

Pflege der Dengelwerkzeuge

Für einen guten Dangel ist es wichtig, dass die Schlagflächen an Hammer und Amboss sorgfältig geschliffen und poliert sind.

Schlechte Pflege und zweckentfremdeter Gebrauch beeinträchtigen die Leistungsfähigkeit der Dengelwerkzeuge. Amboss und Schlagfläche des Hammers sollten nicht angerostet sein und dürfen keine Beschädigungen, wie Kerben oder ähnliches aufweisen. Für die Instandhaltung der Dengelwerkzeuge sind folgende Maßnahmen angebracht:

- Die Schlagflächen von Dengelamboss und Dengelhammer sollten von Zeit zu Zeit, vor allem aber im Herbst, eingeölt werden;

- Dengelwerkzeuge sollten zum Schutz vor Rost immer im Trockenen aufbewahrt werden;

- Die Dengelwerkzeuge sollten nicht zweckentfremdet verwendet werden. Aus diesem Grund empfiehlt es sich nicht, das Dengelwerkzeug für andere Arbeiten zu verwenden. So sollte mit dem Dengelhammer beispielsweise nicht genagelt und auf dem Dengelamboss nichts anderes als die Sense geklopft werden. Denn jede noch so kleine Beschädigung auf der Schlagfläche von Hammer und Amboss würde sich beim Dengeln fortwährend auf der Schneide bemerkbar machen.

Der Dengelstock

Der Dengelamboss muss, abgesehen von den speziellen Felddengeleisen, die unmittelbar in der Erde verankert werden, fest in einer Unterlage sitzen, damit der Schlag mit dem Hammer zieht und der Dengler bei der Arbeit bequem sitzt. Diese Unterlagen nennt man Dengelstock, Dengelbock oder Dengelhocker.

Abb. 7. Dengelhocker mit Hartholzkern;
gedengelt wird auf einem Amboss mit schmaler Bahn

Als Dengelstock eignen sich:

- Steinblöcke: ideal sind Steine, die etwa 40 bis 50 cm hoch, 30 cm breit und ca. 60 cm lang sind. Um den Dengelamboss im Stein zu befestigen, muss zuerst ein keilförmiges Loch, mit einem Durchmesser von ca. 4 cm, an einem Ende in den Stein gemeißelt werden. Darin wird der Amboss mit Holz verkeilt. Zum Verkeilen nimmt man am besten entsprechend starke Astabschnitte aus Weidenholz, die auf die Länge der Lochtiefe geschnitten sind. Solch ein Holzstück schlagen Sie press in den Stein. Nun setzen Sie die Dornspitze des Dengelamboss mittig auf das Holz und verkeilen mit leichten Hammerschlägen den Amboss im Stein, so dass der Amboss fest sitzt und beim Dengeln nicht wackelt oder federt.

- Baumstämme: als Unterlage können 40 bis 50 cm starke Stammabschnitte in einer Länge von 60 bis 80 cm oder größere Baumscheiben verwendet werden, die dem Dengler gleichzeitig als Sitzgelegenheit dienen. Bohren Sie mit einem 8 mm Holzbohrer ein Loch in die Baumscheibe oder den Stammabschnitt. In das Bohrloch setzen Sie den Dorn des Ambosses und treiben ihn mit einigen kräftigen Schlägen mit einem Holzhammer in den Dengelstock.

- Dengelhocker mit Hartholzkern (siehe Abbildung, S. 30)

Dengeln mit oder ohne Sensenstiel?

Je nach Region und Vorlieben des Denglers wird zum Dengeln das Sensenblatt vom Sensenstiel abgenommen oder am Stiel belassen.

Am einfachsten lässt sich arbeiten, wenn man das Sensenblatt vom Sensenstiel abnimmt, weil man so problemlos und ohne zusätzliche

Haltevorrichtungen das Sensenblatt waagerecht beim Dengeln führen kann. Auf diese Weise lässt sich das Sensenblatt auch von beiden Seiten der Schneide dengeln.

Bei Dengelvorführungen zeige ich gelegentlich auch, wie man arbeitet, wenn der Sensenstiel nicht abgenommen wird. Mit dieser teilweise artistisch anmutenden Arbeitsweise lässt sich natürlich optisch mehr Eindruck erzeugen, was andererseits wiederum manchen Interessenten, der sich selbst im Dengeln versuchen möchte, abschreckt.

Abb. 8: Denglerin arbeitet mit Hilfe der „Dengelgeis"; gedengelt wird auf einem quadratischen Dengelamboss

Bleibt das Sensenblatt am Sensenstiel, lässt sich die Sense ausschließlich von der Innenseite des Sensenblattes dengeln. Beim Dengeln mit Stiel gibt es zwei unterschiedliche Vorgehensweisen:

- Wenn mit einem zum Körper hin ziehenden Dengelschlag gearbeitet werden soll, muss der Sensenstiel über die rechte Schulter gelegt werden oder an einem speziellen Befestigungspflock neben der Schulter abgestützt werden. Dabei muss jeweils der Stiel so ausbalanciert werden, dass das Sensenblatt auf dem Dengelamboss waagerecht aufliegt.

- Eine andere Möglichkeit besteht darin, dass der Sensenstiel dem Dengler gegenüber steht. Dazu muss der Sensenstiel entweder von einer anderen Person am oberen Griff in der richtigen Höhe während des Dengelns festgehalten werden oder der Stiel wird auf einem Holzgestell, der sogenannten „Dengelgeis" abgelegt. Der Stiel kann aber auch mit einer von einem Ast hängenden Schnur in der Balance gehalten werden. Bei dieser Variante arbeitet der Dengler mit einem treibenden Dengelschlag vom Körper weg.

Das Dengeln der Sense

Die Arbeitsweise beim Dengeln ist regional sehr verschieden. Der eine dengelt auf dem Dengelamboss mit schmaler Bahn, der andere auf dem Amboss mit quadratischer Schlagfläche. Dieser dengelt von der Innenseite, jener von der gewölbten Außenseite des Sensenblattes her. Der Nächste schwört auf den klopfenden Dengelschlag, der Nachbar auf den ziehenden Dengelschlag und jeder glaubt, dass seine Methode die beste sei. Ob Sie nun diese oder jene Arbeitsweise beim Dengeln bevorzugen, spielt nur eine untergeordnete Rolle. Sämtliche Arbeitsweisen können richtig sein, wenn dadurch eine scharfe und schnitthaltige Schneide unter möglichster Schonung des Dangls erzielt wird.

Der Zeitaufwand, um ein Sensenblatt zu Dengeln, beträgt je nach Güte und Härte des Metalls, Abnutzung der Schneide, Länge des

Sensenblattes, so wie der Geschicklichkeit und Erfahrung des Denglers, etwa 10 bis 60 Minuten je Sensenblatt.

Der Dangl

An den Dangl werden folgende Anforderungen gestellt:

- Er muss die nötige Dünne und Schärfe aufweisen;
- Er muss nicht nur scharf sondern gleichzeitig widerstandsfähig gegen zu schnelle Abnutzung sein;
- Er muss die Voraussetzungen für wirksames Wetzen mit dem Wetzstein bilden.

Nach den in der Praxis beobachteten Danglformen wird unterschieden zwischen Hohl-, Platt- und Keildangel.

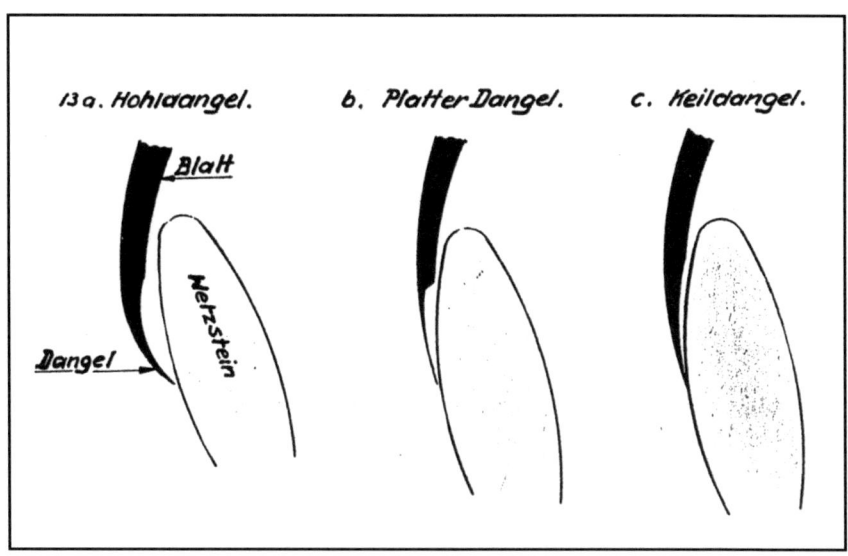

Abb. 9: Danglformen

Hohldangl

Der Hohldangel entsteht, wenn die Sense beim Dengeln nicht waagerecht geführt wird. Der Dengler führt dabei die Sense so, dass der Rücken des Sensenblattes beim Dengeln mit der Schneide nicht in der Waagerechten, sondern erhöht zur Schneide steht. Der so beim Dengeln entstandene Hohldangl hat zwei gravierende Nachteile:

- Die Schneidkante des Sensenblattes läuft nicht gerade, keilförmig, aus, sondern steht im leichten Rundbogen hoch. Das führt dazu, dass beim Mähen die Schneide nicht die Halme durchtrennt, sondern umdrückt, so dass sich die Gräser im Laufe der Mähbewegung wieder hinter dem Sensenblatt aufrichten.

- Beim Nachschärfen mit dem Wetzstein, kann der Dangl nicht richtig bestrichen werden. Die oval auslaufende Schneide bewirkt, dass der Wetzstein auf der Schnittkante des Dangls aufliegt. Die Folge ist, dass die Schneide stumpf gewetzt wird.

Plattdangl

Der Plattdangl kann entstehen, wenn die Sense auf einem Dengelamboss mit schmaler Bahn geklopft wird, wobei die Schlagfläche auf dem Dengelamboss nicht nach allen Seiten hin ausreichend gerundet, sondern zu flach ist. Das hat den Nachteil, dass sich die Kante der Bahn beim Dengeln in den Riefen einpresst und den platten Dangl bildet.

Der Plattdangl ist gekennzeichnet durch eine „Stufe" im Übergang vom Blatt zum Riefen Der Plattdangl ist verwerflich, weil er plötzlich auftretenden Widerständen beim Mähen nicht standhält. Er knickt leicht um oder es entstehen Risse. Zudem wird die Schneide durch die „Stufe" beim

Wetzen nicht in voller Breite bestrichen. Der Wetzstein bestreicht zudem den Dangl, zwar nur minimal, aber doch in einem etwas zu steilem Winkel, was verstärkten Materialabrieb am Dangl zur Folge hat.

Keildangl

Die richtige Form des Dangls, welche Schärfe und Widerstandsfähigkeit in sich vereinigt und sich gleichförmig mit dem Wetzstein bestreichen lässt, ist der dünn auslaufende Keildangl. Unter dem Keildangl ist folgendes zu verstehen: Der Übergang vom Blatt zum Riefen und von diesem zum Dangl ist allmählich. Riefen und Dangl zusammen bilden annähernd einen Keil. Bei der Fingernagelprobe am Grassensenblatt gibt der etwa 0,1mm dünn gehämmerte Dangl in einer Breite von höchstens 1,5 mm nach.

Wie wird ein Keildangl gedengelt?

Im folgenden beschreibe ich die Arbeitsweise beim Dengeln für den Keildangl auf einem Amboss mit schmaler Bahn und einem Dengelhammer (500g) mit breiter Schlagfläche, wobei die Innenseite der Sense gedengelt wird. Die Sense wird bei diesem Dengelverfahren von links nach rechts bewegt.

Erste Voraussetzung ist ein Dengelamboss mit schmaler Bahn, die sowohl nach links und rechts als auch nach vorn und hinten leicht abgerundet ist. Dazu gehört ein bombierter Dengelhammer mit breiter Schlagfläche. Das Dengeln mit zwei so beschaffenen Werkzeugen bewirkt, dass bei jedem Schlag nur ein kleiner Teil der Schneide gehämmert wird. Das Metall bleibt auf diese Weise gut dehnbar und ein eventueller Fehlschlag kann der Schneide keinen großen Schaden zufügen.

Arbeitsschritte:

- Zum Dengeln wird das Sensenblatt vom Sensenstiel abgenommen. So lässt sich die Sense beim Dengeln leichter führen.

- Setzen Sie sich so auf den Dengelstock, dass der Dengelamboss zwischen Ihren Oberschenkeln steht und Sie so unter Zuhilfenahme der Oberschenkel das Sensenblatt ruhig in der Waagerechten halten können.

- Das Sensenblatt wird vom Bart zur Spitze hin gedengelt. Die Dehnung des Metalls wird dadurch begünstigt. Der Schlag soll gegen den Körper hin ziehend erfolgen.

- Nehmen Sie das Sensenblatt in die linke Hand und legen Sie das Sensenblatt am Bart waagerecht auf den Amboss. Achten Sie darauf, dass die Schneide mittig auf dem Amboss aufliegt. Diese ist besonders wichtig bei allen Ambossen mit einer schmalen Bahn. Um eine gleichmäßige, mittige Führung während des Dengelns beizubehalten, stützen Sie den Mittelfinger der linken Hand unterhalb des Sensenblattes am Dengelamboss ab.

- Das Sensenblatt liegt auf dem linken Oberschenkel auf. Durch Heben oder Senken des Oberschenkels können Sie das Sensenblatt in der Waagerechten ausbalancieren. Während des Dengelvorganges wandert das Sensenblatt von der linken Körperhälfte zur rechten Körperhälfte. Wenn Sie die Schneide etwa zur Hälfte gedengelt haben, nimmt der rechte Oberschenkel den Bart des Sensenblattes auf. Für eine kurze Dengelstrecke wird so die Führung des Sensenblattes von beiden Oberschenkeln unterstützt, bis der rechte Oberschenkel die Führung alleine übernimmt.

- Halten Sie mit der linken Hand das Sensenblatt stabil in der Waagerechten mittig auf dem Amboss. Mit der rechten Hand wird der Hammer etwa 3 bis 4 cm über dem Sensenblatt gehalten und die Schlagbewegung ausgeführt. Mit leichten, gleichmäßigen Hammerschlägen aus dem Handgelenk heraus führen Sie eine zum Körper hin ziehende Schlagbewegung aus, während Sie mit der linken Hand das Sensenblatt im Schlagrhythmus langsam, millimeterweise, über den Amboss bewegen. Achten Sie darauf, dass Sie das Sensenblatt nicht zu schnell über den Amboss schieben. Um eine gleichmäßig scharfe Schneide zu erzielen, muss das Hämmern sorgfältig ausgeführt werden, indem die Hammerschläge unmittelbar nebeneinander auf dem Sensenblatt niedergehen.

- Wenn Sie die Schlagseite des Dengelhammers etwas anfeuchten, sehen Sie etwas besser, wo der letzte Schlag niedergegangen war. Auf diese Weise wird Schlag neben Schlag gesetzt und die Schneide dünn geklopft. Die Hammerschläge dürfen dabei nur den äußeren Klingenrand treffen.

- In der Regel reicht es aus, wenn Sie beim Dengeln die Schneide in ihrer gesamten Länge ein- oder zweimal beklopfen. Bei Sensen, die längere Zeit nicht gedengelt wurden und wo der Dangl verbraucht ist, kann es notwendig sein, die ganze Länge mehrmals zu bearbeiten, um einen ausreichend guten Dangl zu erzielen.

Ziehender Dengelschlag

Man unterscheidet zwei Schlagtechniken. Der ziehende Schlag ist der eigentliche Dengelschlag zum Schärfen der Schneide. Dabei wird der Hammer bei der Schlagbewegung zum Körper hin gezogen. Der ziehende Dengelschlag bewirkt, dass die Schneide dünn ausgezogen, das heißt gedehnt, und das Metall gleichzeitig verdichtet wird.

Vom treibenden Dengelschlag (Abb. S. 42) spricht man, wenn das Sensenblatt so auf dem Amboss geführt wird, dass die Schneide nicht zum Körper des Denglers zeigt. So wird beispielsweise gedengelt, wenn das Sensenblatt zum Dengeln nicht vom Sensenstiel abgenommen wurde. Die Schlagtechnik und Schlagwirkung ist jedoch die gleiche wie beim ziehenden Dengelschlag. Der Unterschied besteht lediglich darin, dass die Schlagbewegung nicht zum Körper hin, sondern vom Körper weg ausgeführt wird.

Klopfender Dengelschlag

Beim klopfenden Dengelschlag wird der Dengelhammer nicht zum Körper hin gezogen, sondern trifft senkrecht auf die Schneide. Beim klopfenden Dengelschlag wird das Metall der Schneide nicht ausgezogen. Diese Schlagtechnik bewirkt, dass das Metall der Schneide lediglich verdichtet, sprich kalt gehärtet wird. Oft empfiehlt es sich in einem letzten Gang mit der klopfenden Schlagtechnik über den Dangl zu gehen, um die Härte der Schneide, sprich deren Schnitthaltigkeit zu optimieren.

Welcher Dangl für welches Mähgut?

Unter dem Titel „Welche Sensen werden gedengelt" (S. 20f) wurde bereits angesprochen, dass es verschiedene Sensen für die verschiedenen Mäharbeiten gibt. Je nachdem welcher Aufwuchs gemäht werden soll, entscheidet über die Art des Dangls. Das heißt, die Breite des Dangls richtet sich nach der Schnittigkeit des Mähgutes.

- Beim Mähen von hartem Gras, verholzten Brennesseln oder auf steinigen Untergrund soll der Dangel schmal und nicht zu dünn sein. Der schmale Dangl ist robuster, wenn er auf härtere Stängel, verholzte Baumschösslinge oder Steine trifft. Dieser Dangl soll bei der Fingernagelprobe nicht nachgeben..

- Vor allem für weiches, feines Gras und Wiesenkräuter braucht man einen breiten und sehr dünnen Dangl. Dieser Dangl soll bei der Fingernagelprobe etwa 1 bis 1,5 mm nachgeben.

Fingernagelprobe

Mit der Fingernagelprobe prüft man vor allem, ob der Dangl bei der Grassense die zum leichten Mähen erforderliche Dünne aufweist.

Bei der Fingernagelprobe streicht man als Rechtshänder mit dem Fingernagel des Daumens der rechten Hand mit leichtem Druck unter dem Dangl der Schneide entlang. Sieht man dabei einen dunklen Schattenfleck durch das Metall schimmern, hat die Schneide die entsprechende Stärke für einen scharfen Schnitt. Wenn man den Schatten nicht sieht, sollte die Schneide nochmals gedengelt werden.

Wie oft muss gedengelt werden?

Jede Sense muss mit der Zeit gedengelt werden, da sich beim Mähen die Schneide abnutzt und verbraucht. Gedengelt werden muss spätestens, wenn die Schärfe der Sense nachlässt und auch nicht mehr durch Wetzen mit dem Wetzstein hergestellt werden kann. Je nachdem was und wann gemäht wird, sollte spätestens nach etwa 10 bis 12 Mähstunden die Sense gedengelt werden.

Es empfiehlt sich eine Sense lieber öfter leicht, als nur gelegentlich, alle paar Jahre, mit einer „Radikalkur" zu dengeln. Sie können Ihre Sense also auch nach 5, 4, 3, oder bereits nach 2 Mähstunden dengeln.

Wenn die Schneide keine Beschädigungen aufweist, wird die Schneide nur mit einem leicht ziehenden Dengelschlag geklopft. Das häufige Dengeln gewährleistet, dass die Schneide immer die richtige Stärke aufweist und entsprechend widerstandsfähig ist. Der Zeitaufwand zum Dengeln ist bei einer regelmäßig gedengelten Sense wesentlich geringer und beträgt etwa 10 bis 15 Minuten.

Wer sich die Arbeit mit Hammer und Amboss ersparen möchte, nicht zutraut oder merkt, dass es ihm an der handwerklichen Geschicklichkeit fehlt, dem empfiehlt es sich, seine Sense je nach Beanspruchung gelegentlich einem erfahrenen Dengler in die Hand zu geben.

Risse und Scharten an der Schneide

Beim Mähen mit der Sense kommt es auch beim aufmerksamsten Mäher hin und wieder zu unliebsamen Zwischenfällen mit Steinen, Schösslingen und Baumstümpfen. Wenn die Grassense versehentlich auf einen im Gras verborgenen Stein oder Maulwurfshügel trifft, kann es leicht passieren, dass der betreffende Teil der Schneide verbiegt oder gar bis zu einem halben Zentimeter und mehr einreißt. Selbst verholzte Brennnesselstängel verwandeln im Nu eine glatte Schneide in ein „Sägeblatt".

Schäden am Sensenblatt, insbesondere an der Schneide, wie Risse und Scharten können die Schnittfähigkeit stark beeinträchtigen und das leichte Mähen mit der Sense erschweren. Das Dengeln ist dann meistens die einzige Methode, um solche Schäden zu beheben.

Abb. 10: Dengler mit treibenden Dengelschlag

Kleinere Risse und Scharten können beim Dengeln beseitigt werden. Risse und Scharten, die über 5 Millimeter und tiefer ins Sensenblatt hineinreichen, lassen sich in der Regel nicht mehr reparieren. In diesem Fall ist die Sense nicht mehr zu gebrauchen, da sich dort die Halme festhängen und den Mähschwung ausbremsen.

Besonders schmale Sensenblätter mit dünnem Blatt und schwachem Rücken können sich, wenn sie mitten im Mähschwung auf ein größeres Hindernis treffen auch verbiegen. Solche Verwerfungen lassen sich meist nicht mehr reparieren, da das Sensenblatt seine Spannung verloren hat.

Das Dengeln von Scharten

Scharten sind breitere Beschädigungen an der Schneide. Sie entstehen unter anderem, wenn die Schneide beispielsweise auf einen verholzten Baumschössling oder einen aus der Erde hervorstehenden Stein trifft. Dann kann es geschehen, dass auf einer Breite von einigen Millimetern bis zu 1 Zentimeter und mehr die Schneide einkerbt. Für die Frage, ob sich solche Scharten beim Dengeln beheben lassen, ist nicht die Breite, sondern deren Tiefe, also wie weit sie ins Blatt hineinreichen, entscheidend. Ein erfahrener Dengler schafft es, Scharten mit einer Tiefe von 4 bis 5 mm beim Dengeln so auszutreiben, dass die Beschädigung nicht mehr zu sehen ist. Scharten, die jedoch tiefer ins Sensenblatt hineinreichen, lassen sich in der Regel nicht mehr beheben und machen das Sensenblatt unbrauchbar.

Wenn die Schneide der Sense beispielsweise eine Scharte von 6 mm in der Breite und 3 mm in die Tiefe der Schneide aufweist, wird wie folgt gearbeitet:

- In Anlehnung an die beschriebenen Arbeitsschritte unter „Wie wird ein Keildangl gedengelt", S. 36f. wird auch hier die Innenseite des Sensenblattes von links nach rechts gedengelt. Gedengelt wird jedoch nur der Bereich der Scharte. In dem angenommen Fall auf einer Breite von etwa 10 mm.

- Dabei wird mit der ziehenden Schlagtechnik das Metall aus der Tiefe der Scharte bis auf das vordere Schneidenniveau ausgezogen. Dazu wird die Scharte auf der gesamten Länge mehrmals geklopft. Dabei wird selbstverständlich auch das Metall im Randbereich der Scharte, also an der Schneide gedehnt.

- Wenn das Metall der Schneide im Randbereich der Scharte etwa 1 mm gegenüber der unbearbeiteten Schneide vorsteht, wird dieser Überstand mit einem feinen bis mittelfeinen Kunstwetzstein auf das ursprüngliche Niveau der Schneide abgewetzt.

- Danach wird die Scharte wieder mit der ziehenden Schlagtechnik beklopft und der Überstand abgewetzt. Bei jedem Dengelgang sieht man, wie sich die Scharte verkleinert. Auf diese Weise arbeitet man bis die Scharte geschlossen ist, sprich die Schneide wieder eine glatte Bahn bildet.

Wenn bei einer abgenutzten Schneide mit Scharten ein neuer Dangl aufgezogen werden soll, werden zuerst die Scharten auf die oben beschriebene Weise beseitigt und erst danach die Schneide auf der ganzen Länge gedengelt.

IV. Dengelapparate

Da das Dengeln zuweilen eine zeitaufwendige, handwerkliches Geschick und Präzision erfordernde Arbeit ist, gab es bereits im 19.Jahrhundert Bemühungen, diese Arbeit zu mechanisieren. Mit Dengelapparaten versuchte man die Handarbeit nachzuahmen und zu ersetzen. Man wollte damit erreichen, dass auch Unkundige und handwerklich weniger geschickte Mäher ihre Sense befriedigend schärfen können. Die ersten Dengelmaschinen kamen um 1850 auf. Der Erfindungsreichtum kannte kaum Grenzen. Um 1920 waren eine Vielzahl verschiedenster Dengelmaschinen im Umlauf.

Ein Umstand, der den Schluss nahe legt, dass auch früher nicht alle Mäher gleichzeitig ausgezeichnete Dengler waren, wie man landauf, landab heute noch oft zu hören bekommt „Die Alten, das waren noch Dengler, die mit Hammer und Amboss umgehen konnten".

Das einfachste Modell ist eigentlich gar kein Dengelapparat, der die eigentliche Dengelarbeit übernimmt, sondern ist ein Dengelamboss mit Führung. Es handelt sich dabei um einen normalen Amboss mit schmaler Bahn. Daran sind Führungsrollen befestigt die die Breite des Dangls vorgeben. Der Dengler hatte nur noch gleichmäßig zu klopfen und weiterzuschieben. Diese Modelle sind heute im Handel nicht mehr erhältlich. Viele Dengler arbeiten auch heute noch mit diesen Führungshilfen, die sie selbst am Dengelamboss montieren. Bei den älteren vom Handel vertriebenen Modellen waren die Führungsrollen an einer Platte mit Stellschraube befestigt, so dass die Breite des Dangls eingestellt werden konnte.

Abb. 11: Denglerin arbeitet an Dengelamboss mit Führungsrolle

Alle richtigen Dengelapparate, mit denen gedengelt werden kann, arbeiten nach zwei verschiedenen mechanischen Verfahren:

• Hämmerverfahren, mittels Hammer oder Schlagbolzen;
• Walzverfahren, mittels Walzplatten oder Kugeln.

Bei den Hämmerapparaten wird die Schneide, ähnlich wie beim Dengeln von Hand, mittels Hammer oder Schlagbolzen bearbeitet. Das Hämmerverfahren hat gegenüber dem Walzverfahren den Vorteil, dass der Dangl durch die bessere Verdichtung des Stahls widerstandsfähiger wird und länger die Schärfe hält.

Zwar konnten all diese Apparate dem Unkundigen das Dengeln mehr oder weniger erleichtern, bei unsachgemäßer Handhabung konnte man aber auch ein Sensenblatt im Nu unbrauchbar machen. An einen guten, zwischen Amboss und Hammer geschlagenen Dangl, reichen die Schlag- und Walzapparate nicht heran. Durch die fehlende Handarbeit hat man nicht das Gefühl für den Stahl der jeweiligen Sense. Besonders bei Dengelapparaten bei denen durch Stellschrauben und andere justierbare Vorrichtungen die Danglbreite eingestellt werden muss, kann es passieren, dass die Schneide nicht ausreichend oder zu weit ausgetrieben wird. Bei sachgemäßer Handhabung kann man einen annehmbaren Dangl mit befriedigender Schärfe erzielen. Die Schneide darf aber keine Beschädigungen, wie Scharten, aufweisen, da diese nur von Hand mit dem Dengelhammer beseitigt werden können.

Heutzutage sind Dengelapparate keine Massenprodukte und kosten je nach Ausstattungsaufwand ihren Preis. Vor allem im Hinblick auf die Mähleistung ist daher von Fall zu Fall zu prüfen, ob sich die Anschaffung rechnet oder ob man seine Sense stattdessen von einem erfahrenen Dengler ab und an schärfen lässt.

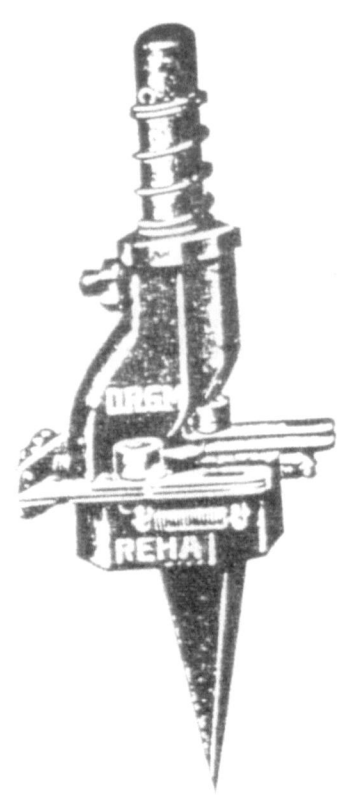

Zum Dengeln
nimmt man heute nur noch

Dengelmaschine
Scharfrichter
Hersteller:
ERNST ENDRISS
Oberurbach 60 (Wttbg.)

Dengel-
maschinen
„Blitz"

D.R.P. und hohe Auszeichnungen für Hand-, Fuß-,
Kraftbetrieb, haben sich bereits tausendfach bewährt.

Neue auswechselbare
Hammerform.

M. MERTZ
Limperich bei Beuel
(Rheinland)

Prospekte umgehend.
Vertreter gesucht.

Zur DLG. - Ausstellung in
Köln: Stand 96, Abteilung
Prüfungsgeräte

Abb. 12: Drei historische Dengelapparate

48

Schlagdengler

Um 1935 kam der Dengelapparat „Fledermaus" in den Handel. Noch heute wird dieser Dengelapparat von verschiedenen Herstellern als Schlagdengler angeboten. In der ehemaligen DDR wurde er als „Dengel-Bengel" gehandelt.

Sinn und Zweck dieses Dengelapparates ist es, dem Dengler sowohl die Führung der Sense, wie die Wahl der richtigen Danglbreite zu vereinfachen.

Aus einem gehärteten Metallkörper mit flacher Ambossbahn ragt ein Metallbolzen. Auf diesen Metallbolzen werden nacheinander, in zwei Arbeitsgängen, zwei verschiedene Schlaghülsen mit unterschiedlich geschliffener Schlagfläche aufgesetzt. Die eine Schlaghülse dient zum „Vordengeln". Sie zieht einen neuen etwa 3,5 mm breiten Riefen auf. Die andere Schlaghülse dient zum „Feindengeln". Deren Schlagfläche ist konisch geschliffen und dengelt nur den äußersten Rand der Schneide.

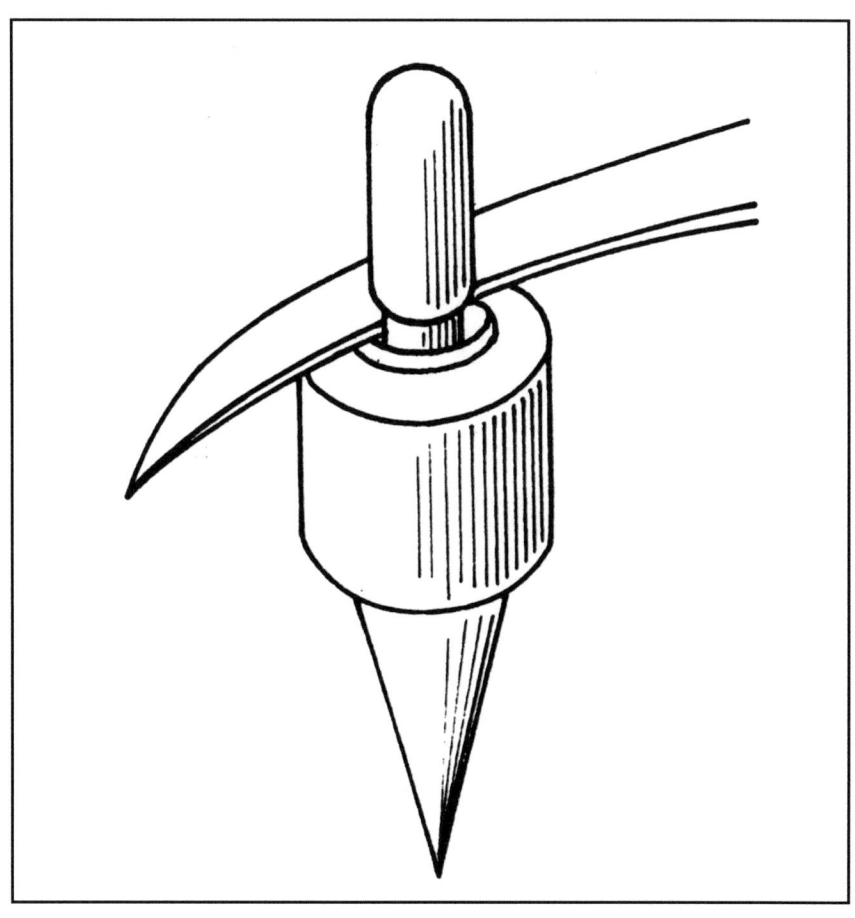

Abb. 13: Schlagdengler

Gedengelt wird auch hier vom Bart zur Spitze. Dazu wird das Sensenblatt
waagerecht auf den Amboss und mit der Schneide an den Metallbolzen
angelegt. Dann wird die Schlaghülse für den Riefen aufgesteckt. Mit
einem 500g Hammer wird auf den „Kopf" der Schlaghülse geklopft,
dabei drückt sich die Bahn der Schlaghülse in das Metall des Sensenblattes. Auf diese Weise wird die ganze Länge der Schneide geklopft

und ein Riefen mit etwa 3,5 mm Breite aufgezogen. Wenn die Schneide glatt ist und keine Scharten aufweist, wird bei jedem Hammerschlag die Sense durch die Drehbewegung der Schlaghülse weiter bewegt. Ist der Riefen aufgezogen, wird zum zweiten Dengelgang die Sense wieder am Bart an den Metallbolzen angelegt, die zweite Schlaghülse aufgesteckt und erneut bis zur Spitze gedengelt.

Zum Nachschärfen reicht es oftmals, bei einem ausreichend breiten Riefen, die Schneide nur mit der zweiten Schlaghülse, dem Feindengler, zu beklopfen.

Der Schlagdengler ist für den Laien einfach zu handhaben:

- da man an dem Schlagdengler nichts einzustellen oder zu justieren braucht;

- bei sachgemäßer Handhabung kommt es zu keinen Fehlschlägen oder Beschädigungen der Sense;

- der Dangl wird zwar nicht so scharf wie bei einem erfahrenen Dengler zwischen Hammer und Amboss, aber doch so scharf, dass man eine befriedigende Mähleistung erzielt;

- dazu kommt, dass der Anschaffungspreis gegenüber den meisten anderen Dengelapparaten recht günstig ist.

Ich gebrauche den Schlagdengler, wenn ich eine Sense mit verbrauchter Schneide zum Dengeln bekomme. Mit dem Schlagdengler lässt sich bei einem 65 cm langen Sensenblatt ein neuer, akkurat gleichmäßiger Riefen in etwa 10 Minuten aufziehen. Wesentlich schneller und genauer wie mit dem Dengelhammer. Für den letzten „Schliff" wird der Dangl abschließend auf dem Dengelamboss mit dem Dengelhammer geklopft.

Abb. 14: Altes Werbeplakat für den „Fledermaus Sensen-Dengler"

Dengelapparate mit Schlagbolzen

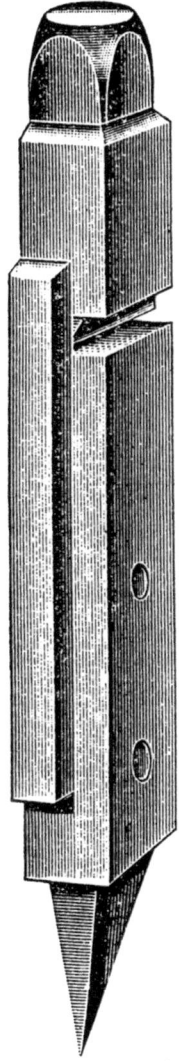

Bei diesen Dengelapparaten wird die Schneide, ähnlich wie beim Dengeln von Hand mit einem hammerförmigen Schlagbolzen bearbeitet. Es gab zahlreiche und gibt heute noch immer einige Dengelapparate, die nach diesem Prinzip arbeiten.

Amboss und Führungsgehäuse sind meist aus einem Stück gefertigt. Darüber ist ein Schlagbolzen angeordnet, der von einer Feder immer wieder in die Grundstellung zurückgeführt wird. Das untere Ende des Schlagbolzens ist, wie an einem Dengelhammer mit schmaler Bahn ausgeführt. Vor dem Dengeln wird an einer Stellschraube die Breite des Dangls an einer verstellbaren Führung eingestellt. Die Arbeitsweise ist verhältnismäßig einfach. Der Dengler hat nur die Sense in das eingestellte Gerät zu halten und mit einem Hammer auf den Schlagbolzen zu schlagen. Zwischen den einzelnen Schlägen wird die Sense mit der Hand gleichmäßig weiter geführt. Mit Hilfe dieser Hämmerapparate lässt sich bei richtiger Handhabung ein annehmbarer Dangl erzielen.

Abb. 15: Schlagbolzenapparat

Sensenleier

Bei der Sensenleier handelt es sich um einen Dengelapparat, der nach dem Walzverfahren arbeitet. Die Sensenleier wird im Handel auch unter den Namen „Dengelfix" oder „Dengelmax" vertrieben.

Um 1920 kam dieses neuartige Dengelverfahren auf. Die Neuerung bestand darin, dass das Sensenblatt nicht durch Hämmern, sondern durch Auswalzen mit Kugeln dünner gemacht wurde. Je nach Modell konnte man mit Hilfe einer Stellmutter oder eines Stellhebels die Breite des Dangls einstellen.

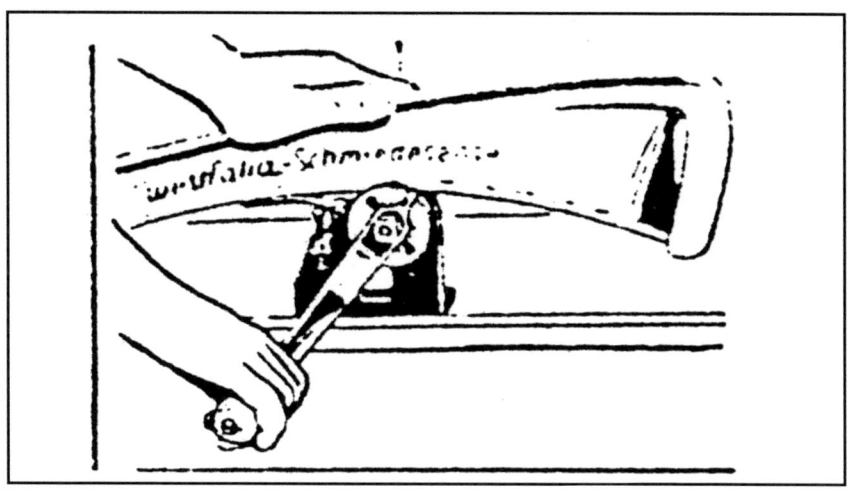

Abb. 16: Sensenleier

Der Dengelapparat besteht aus einem Befestigungsflansch, mit dem die Sensenleier auf einer stabilen Unterlage befestigt wird. Der Mechanismus beruht auf einer Handkurbel, die zehn Stahlkugeln von ca. 10 mm Durchmesser nach Art eines Kugellagers auf einer Druckplatte

54

aus Hartmetall rotieren lässt, so wie einer Stellmutter. Zuerst wird an der Stellmutter mit einem Schraubenschlüssel der für das jeweilige Sensenblatt richtige Abstand zwischen Kugellager und Druckplatte eingestellt. Dann wird das Sensenblatt zwischen den Kugeln und der Druckplatte am Bart aufgesetzt. Es ist nun wesentlich, dass man mit der linken Hand die Sense bei mäßigem Druck gleichmäßig bis zur Spitze weiterschiebt, während gleichzeitig mit der rechten Hand die Kurbel gedreht wird. Vor allem bei längeren Sensen ist es schwierig, allein die Sense richtig zu führen und gleichzeitig die Kurbel zu drehen.

Auf diese Weise walzt man das Sensenblatt mehrmals hintereinander, wobei man durch Nachziehen der Stellmutter den Spalt zwischen Druckplatte und Kugellager in mehreren Arbeitsgängen verringert und bei sachgemäßem Gebrauch einen bis zu 4 mm breiter Riefen einwalzt.

Exzenterapparat

Um 1910 wurde der Exzenterapparat erfunden, der die Schneide unter einer Art Exzenterpresse auswalzt. Dengelapparate, die nach diesem Prinzip arbeiten, sind bis heute im Handel erhältlich. Die Betätigung erfolgt durch Hand- oder Fußhebel. Das Bedienen des Dengelapparates mit Fußhebel hat den Vorteil, dass man beide Hände zum Halten und Führen der Sense frei hat.

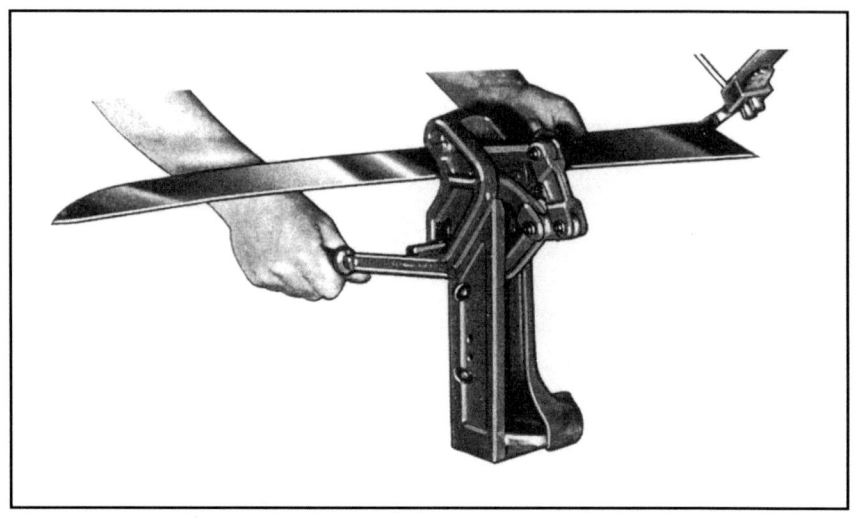

Abb. 17: Exzenterapparat mit Handhebel

Bevor man die Sense zwischen die Mundstücke des Exzenterapparates legt, muss man entscheiden, wie weit das Metall an der Schneide ausgezogen werden soll. Wie weit die Mundstücke greifen kann man mit einem Einstellstift regulieren. Je weiter der Stift nach unten gesteckt wird, desto weiter greifen die Mundstücke und umso breiter wird der Dangl. Um einen abgenutzen Riefen neu aufzuziehen muss man die Mundstücke weiter stellen, als wenn nur der Dangl etwas nachgeschärft werden soll.

Zum Dengeln schiebt man die Schneide zwischen die Mundstücke. Durch Betätigung des Druckhebels wird die Sensenschneide keilförmig gequetscht. Nach jedem Hebeldruck schiebt man das Sensenblatt gleichmäßig um einige Millimeter weiter bis die Schneide auf der gesamten Länge durch den Apparat gezogen wurde. Sollte die Schneide nach dem ersten Durchgang nicht dünn genug sein, wird der Arbeitsgang nochmals wiederholt.

Schärfen mit der Schleifmaschine

Das Sensenblatt sollte nicht am Schleifstein oder mit einer sogenannten „Schleifhexe" geschärft werden, da das Blatt beim Schleifen zuviel Substanz verliert und sich die Wärmeentwicklung ungünstig auf die Materialhärte, also die Widerstandsfähigkeit und Haltbarkeit der Schneide, auswirkt. Zudem wird beim Schleifen nicht die Verdichtung des Materialgefüges erreicht. Eine nicht gedengelte, nur geschliffene Sense hat keine Schnitthaltigkeit und verliert beim Mähen sehr schnell die Schärfe.

Schleift man eine Sense scharf, bringt man sie zu gleich dem stumpfen Zustand immer näher, da die dünne und somit scharfe Schneide entfernt wird und die Schneide immer tiefer in das dickere Metall hinein geht. Schärfen kann man die Sense dann nur noch mit dem komplizierten Hohlschliff, welcher jedes Mal noch mehr Material kostet und das Sensenblatt immer schneller verbraucht.

V. Das Schärfen mit dem Wetzstein

Die volle Gebrauchsfähigkeit, das heißt die richtige Schärfe, erhält das Sensenblatt erst, wenn es nach dem Dengeln mit einem Wetzstein bestrichen wurde. Eine Sense wird nicht nur nach dem Dengeln gewetzt, sondern auch dann, wenn man beim Mähen merkt, dass die Sense nicht mehr so leicht durch das Gras schneidet, empfiehlt es sich, die Schneide sofort mit dem Wetzstein abzuziehen. Da die Schneide beim Mähen mit der Zeit an Schärfe verliert, ist es unerlässlich die Sense während des Mähens immer wieder mit dem Wetzstein nachzuschärfen. Der Wetzstein gibt der Sense dann die beim Mähen verlorene Schärfe wieder.

Das Wetzen selbst ist ein Schleifvorgang. Gewetzt wird mit einem Wetzstein. Dies kann ein aus verschiedenen Schleifmitteln und Harzen hergestellter Kunststein oder ein aus Stein gebrochener Naturwetzstein sein.

Nach der Devise, andere Länder, andere Menschen, andere Sitten gibt es eine Vielzahl von Varianten, wie ein Sensenblatt gewetzt wird. In einigen Ländern konnte ich beobachten, wie die Sense zum Wetzen mit der Sensenspitze nach oben gerichtet auf das vorgestellte Knie gelegt wurde. Andernorts wird der Sensenstiel so unter den linken Arm geklemmt, dass die Spitze zum Boden zeigt, oder das Sensenblatt wird mit der Spitze am Boden aufgestellt und der Mäher kniet sich zum Wetzen neben das Sensenblatt.

Ich persönlich stelle die Sense zum Wetzen umgekehrt auf den Sensenstiel, so dass das hochgestellte Sensenblatt vor mir steht und die

Sensenspitze nach links gerichtet ist. Mit der linken Hand halte ich das Sensenblatt am Rücken fest. Zusätzlich kann man auch noch den rechten Fuß auf den am Boden aufliegenden Griff für die linke Hand aufstellen. Vor dem eigentlichen Wetzen wird das Sensenblatt mit einer handvoll Gras oder einem feuchten Lappen abgerieben, da ein verschmutztes Sensenblatt sich nicht wetzen lässt und zudem den Wetzstein verschmieren würde.

Über die Art des Wetzens bestehen wie beim Dengeln Meinungsverschiedenheiten. Der eine schwört auf den Kunst-, der andere auf den Naturstein. Dieser wetzt von der Hohlseite, jener von der gewölbten Seite des Blattes her, und jeder glaubt, dass seine Methode die beste sei. Entscheidend ist:

- die Art des Wetzsteines;
- ob nass oder trocken gewetzt wird;
- die Haltung des Wetzsteins;
- die Richtung des Wetzstriches.

Kunst- oder Naturstein?

Der Gebrauch des richtigen Wetzsteines war früher, als das Mähen mit der Sense für große Bevölkerungsteile zum alltäglichen Broterwerb zählte, für viele Mäher eine Art Weltanschauung. Jeder schwor auf seinen besonderen Stein. Man unterschied nicht nur zwischen Kunst- und Naturstein, sondern auch zwischen Sandstein, Schiefer und Granit, zwischen feinen und groben, sowie zwischen weichen und harten Wetzsteinen. Vielen Mähern sind heutzutage die Unterschiede und der Verwendungszweck der jeweiligen Wetzsteine nicht mehr geläufig. All zu oft wird deshalb zum Wetzen ein Wetzstein verwendet, der zum Schärfen gerade dieser Sense nicht der geeignete ist.

Kunst- und Naturstein unterscheiden sich in der Körnung. Kunststeine sind grobkörniger als Natursteine. Kunststeine und Natursteine unterscheiden sich aber auch untereinander. Es gibt feine, mittelfeine und grobe Kunstwetzsteine, sowie Wetzsteine, die eine feine und eine grobe Wetzseite haben. Sie werden als Carborundum-, Korund- und Siliciumcarbid-Steine angeboten.

Abb. 18: Mäherin aus dem Baskenland (Spanien)
setzt zum Wetzen die Sense auf dem Oberschenkel auf

Bei den Natursteinen unterscheidet man zwischen weichen und harten Steinen. Während beispielsweise weiche Sand- oder Schiefersteine noch eine feinkörnige Schleifwirkung zeigen, richtet der harte Schiefer- oder Granitstein beim Bestreichen der Schneide lediglich den dünnen Dangl aus.

Zum Schärfen einer gut gedengelten Grassense sollte man immer einen Naturstein verwenden. Für Sensen, die feine, zarte Wiesengräser mähen, empfiehlt sich eine harter Stein, während man für Sensen die härtere Gräser und Kräuter der Höhenlagen schneiden einen weichen Naturstein verwendet.

Bei einer Grassense ohne guten Dangl kann dieser verbessert werden, wenn man die Schneide zuerst mit einem feinen Kunststein und zum Schluss mit einem Naturstein wetzt. Der grobkörnige Kunststein dagegen ist für einen feinen, dünnen Dangl schädlich, weil zu viel Material abgewetzt wird. Diese Wirkung ist erwünscht bei ungenügend scharfen Sensen oder bei Sensen, bei denen ein allzu feiner Dangl nicht benötigt wird, wie bei der Busch- oder Forstkultursense.

Die Wahl, ob Kunst- oder Naturstein richtet sich nach der zu wetzenden Sense, dem zu mähenden Aufwuchs, aber auch nach der Qualität des Dangls. So wird beispielsweise ein dünner, feiner Grasdangl mit einem Naturstein gewetzt, während man für einen etwas stärkeren Staudendangl einen feinen Kunststein verwendet.

Es kann vorkommen, dass verschmutzte Natursteine schmierig werden und beim Wetzen nicht mehr richtig ziehen. Zum Reinigen wässert man solche Steine 12 Stunden lang in Essigwasser.

Abb. 19: Anleitung zum richtigen Wetzen

Wetzen – nass oder trocken?

Bevor Sie mit dem Wetzen beginnen, müssen Sie den feinkörnigen Naturstein mit Wasser anfeuchten. Natursteine wetzen nicht, wenn man sie trocken verwendet. Deshalb führt man beim Mähen einen wassergefüllten Wetzsteinbecher an der Hüfte mit, in dem der Wetzstein feucht gehalten wird.

Lediglich mit Natursteinen aus Buntsandstein kann man auch trocken noch befriedigend wetzen.

Mit Kunststeinen dagegen kann man auch trocken wetzen. Es ist jedoch besser auch den Kunststein zum Wetzen zu befeuchten, da sich Dangl und Wetzstein beim Nasswetzen weniger schnell verbrauchen als beim Trockenwetzen.

Wann wird gewetzt?

Gewetzt wird zum einen immer nach dem Dengeln der Sense. Zum zweiten immer unmittelbar dann, wenn beim Mähen die Schnitthaltigkeit der Sense nachlässt. Das heißt, wenn die Sense nicht mehr leicht durch den zu mähenden Aufwuchs läuft, sondern nur mit einem spürbar höherem Kraftaufwand. Man kann auch sagen Wetzpausen erleichtern die Mäharbeit.

Wie wird der Wetzstein beim Wetzen geführt?

Beim Wetzen soll die Schneide, bzw. die durch das Mähen entstandene Deformation der Schneide nicht abgewetzt, sondern nur nachgeschärft und ausgerichtet werden. Dies ist durch flaches Entlangführen des

64

Wetzsteines an der Schneide, vom Bart zur Spitze, unter mäßigem Druck möglich. Dabei wird der Wetzstein so geführt, dass er parallel zur Schneide, in kurzen Wetzzügen, abwechselnd an der inneren und äußeren Seite des Dangls vorbeigleitet. Dabei streichen Sie nicht mit einem einzigen langen Wetzzug vom Bart zur Spitze die Schneide entlang, sondern bestreichen die Schneide mit dem Wetzstein in kurzen, bogenförmigen Wetzzügen vom Bart zur Spitze.

Der häufigste Fehler, der beim Schärfen mit dem Wetzstein gemacht wird, besteht darin, dass der Wetzstein viel zu schräg an der Schneide angesetzt wird. Das hat zur Folge, dass der Dangl in kurzer Zeit regelrecht abgewetzt wird.

Wenn Sie zum Wetzen den Wetzstein an der Innenseite des Sensenblattes ansetzen, soll der Wetzstein an der hohlförmigen Innenseite anliegen und nicht abstehen. Achten Sie auch darauf, dass Sie die Spitze des Wetzsteines nicht auf dem verstärkten Rücken des Sensenblattes auflegen, weil dadurch der Anstellwinkel größer und die Schneide abgewetzt wird.

Wie beim Dengeln, gilt auch beim Wetzen, dass man seinen eigenen Rhythmus finden muss. Lassen Sie sich nicht von geübten Mähern irritieren, die den Wetzstein in rasantem Schwung über die Schneide tanzen lassen, dass man kaum ein Detail dieses Schärfevorgangs erkennt. Beim Schärfen mit dem Wetzstein kommt es nicht auf flinke Fingerfertigkeit an, sondern darauf, dass Sie den Wetzstein mit leichtem Druck parallel an der Schneide entlang führen. Fangen Sie behutsam an. Üben Sie in aller Ruhe und mit der Zeit werden auch Sie beim Wetzen Ihren eigenen Rhythmus finden.

Achten Sie beim Wetzen darauf, dass Sie mit den Fingern, insbesondere der rechten Hand, die den Wetzstein führt, nicht von unten gegen den

Dangl stoßen, da dies zu tiefen, stark blutenden Schnittverletzungen führen kann.

Richtung des Wetzstreiches

Wenn man mit dem Zeigefinger an der Schneide einer frisch gewetzten Sense vorsichtig von der Spitze zum Bart entlang streicht, fühlt sich diese wie eine sehr feine Säge an. Die einzelnen „Zähnchen" sind gegen die Sensenspitze hin gerichtet und stehen somit bei der Mähbewegung in Schnittrichtung. Der Strich des Wetzsteines hat deshalb immer in gleicher Richtung, also vom Bart zur Spitze, zu erfolgen.

Wie wird gewetzt?

Wie beim Dengeln sollte auch beim Wetzen das Sensenblatt sauber sein. Deshalb reibt man zu den Wetzpausen beim Mähen das Sensenblatt mit einer Handvoll Gras ab, da sich sonst der verschmutzte Dangl nicht auf der ganzen Länge gleichmäßig wetzen lässt und zudem der Wetzstein verschmutzt würde.

Halten und führen Sie den Wetzstein so:

- während die linke Hand das Sensenblatt festhält, nehmen Sie den Wetzstein am unteren Ende in die Hand;

- gewetzt wird immer vom Bart zur Spitze und zwar immer im gleichmäßigen Wechsel von beiden Seiten der Schneide;

- achten Sie darauf, dass Sie den Wetzstein mit der Schmalseite parallel zur Schneide, mit leichtem Druck, entlanggleiten lassen;

- bestreichen Sie die Schneide mit dem Wetzstein in kurzen, gleichmäßigen, leicht bogenförmigen Wetzzügen. Der Wetzstein wandert auf diese Weise vom Bart bis zur Spitze.

Nach dem Wetzen wird der Wetzstein mit Wasser gereinigt, da feine Schmutz- und Metallpartikel sich sonst in den Poren festsetzen und mit der Zeit den Wetzstein unbrauchbar machen würden.

Die Fingerprobe

Mit der Fingerprobe können Sie feststellen, ob das Sensenblatt beim Wetzen die richtige Schärfe erhalten hat. Wenn Sie mit der Spitze des Zeigefingers sachte von der Sensenspitze zum Bart hin über die Schneide einer frischgewetzten Sense streichen, sollte sich diese wie eine Säge mit feinen „Zähnchen" anfühlen. Dies „Sägezähnchen" sind gegen die Sensenspitze hin gerichtet.

Der Wetzsteinbecher

Der wassergefüllte Wetzsteinbecher dient zum Mitführen des Wetzsteines beim Mähen. Der Wetzsteinbecher wird am Hosenbund oder am Gürtel getragen. Wird er am Rücken getragen, so sollten Sie beim Mähen darauf achten, dass Ihnen beim Bücken kein Wasser in den Rücken läuft.

Mancherorts wird dem Wasser etwas Essig zugegeben. Der Essig dient dazu, bei kalkhaltigem Wasser den Kalk auszufällen, da sich dieser sonst an der Schneide festsetzt.

Wetzsteinbecher sind im Handel aus Holz, Metall, Hartplastik und Horn erhältlich.

VI. Wissenswertes zum Buch

Denglerlatein

Bart:
Wird bei einem Sensenblatt für Rechtshänder, das rechte, breite Ende des Sensenblattes genannt.

Dangl:
Bezeichnet den äußersten Teil des Riefens, der bei einer Grassense beim Bestreichen mit dem Fingernagel nachgibt.

Dengelgeis:
Holzgestell, um den Sensenstiel beim Dengeln abzustützen; wird benutzt, wenn zum Dengeln das Sensenblatt nicht vom Sensenstiel abgenommen wird.

Dengeln:
Regional auch als „Tengeln", „Haaren", „Demmeln" oder „Klopfen" verwendete Bezeichnung für das Schärfen von Sense und Sichel. Dengeln ist ein Schärfeverfahren, das es so nur bei Sensen und Sicheln gibt. Dazu wird die Schneide zwischen einem speziellen Dengelamboss und Dengelhammer dünn geklopft.

Dengelamboss:
Oder „Tengelamboss", „Haarstock", „Danglamboss", „Dengeleisen", sind regionale Bezeichnungen für den Dengelamboss, auf dem die Sense gedengelt wird.

Dengelstock:
Auch Dengelbock und Dengelhocker genannt, sind Steinblöcke oder Stammabschnitte, auf denen der Dengelamboss befestigt wird und der Dengler während der Arbeit sitzt.

Dengelhammer:
Oder „Tengelhammer", „Danglhammer", „Haarhamers", sind regionale Bezeichnungen für den Dengelhammer, mit dem die Schneide der Sense beklopft wird.

Hamme:
Ist die schmale, abgewinkelte Verlängerung des Sensenblattes zur Befestigung am Sensenstiel.

Riefen:
Überlieferte Bezeichnung aus dem Mäherjargon für die etwa 3 bis 4 mm breite Schneide am Sensenblatt.

Rücken:
Nennt man die zur Versteifung des Sensenblattes aufgekrempelte Verdickung des Sensenblattes, die von der Spitze bis zur Hamme reicht.

Schneide:
Die Schneide besteht aus dem sogenannten „Riefen" und dem „Dangl". Mit „Riefen" ist die etwa 3 bis 4 mm breite Schneide gemeint. Der „Dangl" ist der äußerste Teil des Riefens, der beim Bestreichen mit dem Fingernagel nachgibt.

Scharten:
Sind breitere Ausbrüche aus der Schneide.

Warze:
Oder Dorn, ist die dornartige Erhebung an der Hamme, die der Befestigung des Sensenblattes am Sensenstiel dient.

Sensenwerkstatt

Bernhard Lehnert
Allmendweg 54
66453 Gersheim-Walsheim
Tel.06843 8593
E-mail: lehnert@sensenwerkstatt.de

Öffnungszeiten: Dienstag und Freitag von 15.00 – 18.00 Uhr
Oder nach telefonischer Vereinbarung

Die Sensenwerkstatt ist eine Museumswerkstatt, die sich der Pflege und Weitergabe alter Handwerkskunst, sowie der ökologischen Natur- und Landschaftspflege widmet. In der Werkstatt selbst sind allerlei Gerätschaften, Werkzeuge und Bilddokumente rund um das Mähen mit der Sense ausgestellt. Hier kann man auch seine Sense begutachten, dengeln und einstellen lassen. Des Weiteren bietet die Sensenwerkstatt:

- Verkauf von Sensen und Zubehör
- Individuelle Beratung beim Sensenkauf
- Einstellen der Sense auf den Mäher,
- Anleitung zum leichten Mähen

Die Sensenwerkstatt kommt auch zu Ihnen. Privatpersonen, Vereine und Veranstalter können buchen:

- Sensenmäh- und Dengelkurse

- Dengelwerkstatt
  Die mobile Dengelwerkstatt zeigt Dengelwerkzeuge und Dengel-apparate von früher und heute, sowie allerlei Thematisches rund

um's Dengeln. Vorgeführt werden Dengelapparate und verschiedene Dengeltechniken;

- Historische Sensenausstellungen mit Dengelvorführungen und Verkauf bei:
  Umwelt- und Naturschutztagen,
  Garten- und Bauernmärkten,
  historischen Volksfesten und ähnlichen Veranstaltungen.

Die Sensenausstellung zeigt:

- historische und neue Sensenblätter aus verschiedenen europäischen Ländern in unterschiedlichen Formen, Längen, Breiten und Verzierungen;
- Sonntags- und Kniesensen;
- historische und neue Sensenstiele zum Grün- oder Getreideschnitt;
- historisches Sensenzubehör, wie Wetzsteinbecher und Dengeleisen;
- historische Fotos, Werbe- und Verkaufsplakate;
- historische Sensenetiketten und Postkarten;
- Thematisches zu Heu- und Getreideernte, sowie anderen sozial- und kulturgeschichtlichen Themen zum Mähen mit der Sense.

Im Verkauf:

- Geschmiedete Sensenblätter:
  In Längen von 35 bis 140cm
- Sensenstiele:
  In Längen von 130 bis 165cm:
  Holz, Stahlrohr, Leichtmetall
- Sensenringe:

Verschiedene Größen
- Sensenschlüssel:
Extra lang, aus Stahl
- Sensenschützer
- Wetzsteine:
Diverse Natur- und Kunststeine
- Wetzsteinbecher:
Horn, Holz, Metall
- Dengelhämmer
- Dengeleisen
- Dengelapparate
- Dengelhocker
- Bücher, Video zum Thema

Literatur

Erich Degreif (Hrsg), 1999, Das Sensenbuch, Degreif

Siegfried Horstmann, 1990, Von bergischen Menschen und den Stätten ihrer Arbeit, RGA-Buchverlag

Bernhard Lehnert, 2000, Naturerlebnis – Mähen mit der Sense, Edition Europa

Rainer Möller, 1988, Die Sensenschmiede, Landschaftsverband Rheinland

Horst Sauer, 1992, Bauernleben, Morsak Verlag

Julius Cronenberg, 1936, Preisliste Nr. 201 B, Sensenwerk Sophienhammer i. Westfalen

The Marugg Company, 1931, Warenkatalog, Tracy City, Tennessee

Hanewacker A.&Zn. Bv, Groothandel in gereedschappen, Prijscourant 1985/86, 8606 JC Sneek;

Abbildungen

Umschlag: Fotos – B. Lehnert

Abb. 1: Dengler bei der Arbeit, aus Horst Sauer, 1992, Bauernleben, Morsak Verlag;

Abb. 2: Dengelszene aus dem Mittelalter, Quelle unbekannt, Archiv des Autors;

Abb. 3: Sensenblatt mit Begriffsbezeichnungen, Archiv des Autors;

Abb. 4: Verschiedene Sensenblätter, der ehemaligen österreichischen Sensenschmiede Christobal Piesslinger in Molln, Archiv des Autors;

Abb.5: Dengelwerkzeuge, Julius Cronenberg, 1936, Preisliste Nr. 201 B, Sensenwerk Sophienhammer i. Westfalen;

Abb. 6: Arbeitsweisen mit Dengelhammer und Dengelamboss, Archiv des Autors;

Abb. 7: Dengelhocker mit Hartholzkern, Foto: B. Lehnert;

Abb.8: Denglerin arbeitet mit „Dengelgeis"; gedengelt wird auf einem quadratischen Dengelamboss; Foto: B. Lehnert;

Abb. 9: Danglformen; Archiv des Autors;

Abb. 10: Dengler mit treibendem Dengelschlag; Foto: B. Lehnert

Abb. 11: Denglerin arbeitet an Dengelamboss mit Führungsrolle; Foto: B. Lehnert;

Abb. 12: Drei historische Dengelapparate; Archiv des Autors;

Abb. 13: Schlagdengler; Archiv des Autors;

Abb. 14: Altes Werbeplakat für „Fledermaus Sensen-Dengler"; Archiv des Autors;

Abb. 15: Schlagbolzenapparat; The Marugg Company, Tracy City, Tennessee, Katalog von 1931;

Abb. 16: Sensenleier; Archiv des Autors;

Abb. 17: Exzenterapparat mit Handhebel, aus Hanewacker A.&Zn. Bv, Groothandel in gereedschappen, Prijscourant 1985/86, 8606 JC Sneek;

Abb. 18: Mäherin aus dem Baskenland (Spanien) setzt zum Wetzen die Sense auf dem Oberschenkel auf; Foto: B. Lehnert

Abb. 19: Anleitung zum richtigen Wetzen; Foto: B. Lehnert

Der Autor

Bernhard Lehnert, Jahrgang 1955, Handwerkerlehre, Studium der Sozialarbeit/Sozialpädagogik, ökopädagogische Zusatzausbildung, seit 1990 freier Mitarbeiter der pädagogischen Fachzeitschrift „Entdeckungskiste", Betreiber der Sensenwerkstatt;

Buchveröffentlichungen:
„Hörst Du die Regenwürmer husten?" (1996) Kiga Fachverlag
„Naturerlebnis – Mähen mit der Sense" (2000) Edition Europa

Naturerlebnis – Mähen mit der Sense
Bernhard Lehnert

Ein Buch für Naturfreunde und Wiesenliebhaber, für Landwirte und Kleintierhalter, für Gärtner und Selbstversorger, für Sensenbesitzer und all jene, die das Mähen mit der Sense erlernen wollen, sowie für kulturgeschichtlich interessierte Menschen.

Auf 127 Seiten, von zahlreichen Fotos und Abbildungen umrahmt, spannt das Buch einen Bogen von den Anfängen der Menschheitsgeschichte bis in unsere Zeit. Im geschichtlichen Rückblick wird die Entwicklung der Sense und deren Bedeutung in Brauchtum und Volksglauben beleuchtet.

Das Buch ist ein unerlässlicher Ratgeber für all jene, die das leichte Mähen mit der Sense lernen wollen. Eine Fülle von Tipps, Kniffen und Anleitungen wollen zum einen Hilfestellung geben für eine gute Kaufentscheidung von Sensenblatt, Sensenstiel und Wetzstein, zum anderen wird ausführlich dargestellt:

- Welche Länge der Sensenstiel je nach Körpergröße haben sollte;
- Wie das Sensenblatt richtig am Sensenstiel angestellt wird;
- Welche Körperbewegung leichtes Mähen begünstigt;
- Wann die besten Mähzeiten sind und vieles andere mehr.